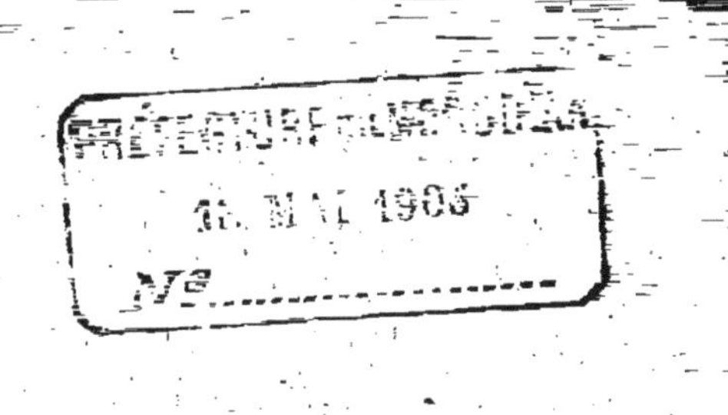

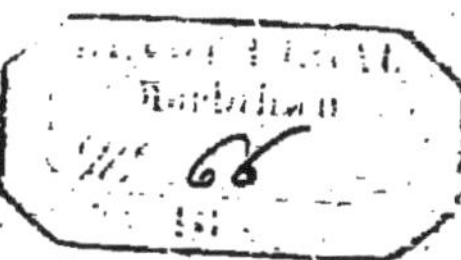

J. TÉRILIS

LE DOYENNÉ DE LOCMALO

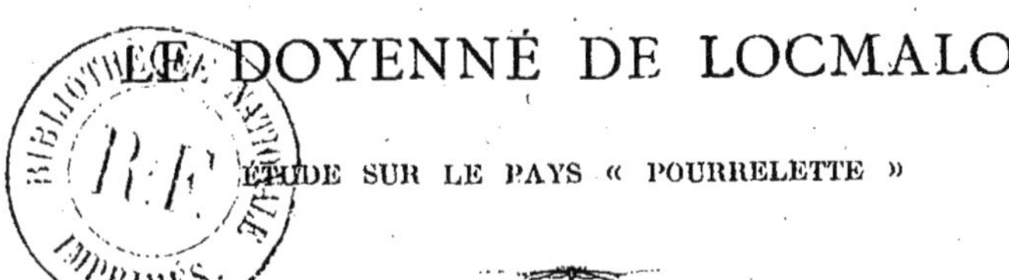

ÉTUDE SUR LE PAYS « POURRELETTE »

Je croyais que Locmalo n'était plus qu'un souvenir ; et que de l'antique doyenné, — auquel dix-huit paroisses ressortissaient jadis, — il ne restait plus qu'une « petite paroisse à petit bourg », cachée je ne sais où, dans la banlieue de Guémené, en dehors de la grand'route que suivent aujourd'hui la civilisation et le progrès.

Je pensais que Locmalo n'était plus, de nos jours, qu'une de ces retraites, enviées par les esprits d'élite, où s'écoule dans la solitude et dans l'étude, sans vicaire et sans bruit, l'existence privilégiée de quelque recteur, assez heureux pour être oublié de ses chefs et inconnu au gouvernement.

C'est une erreur.

Sans doute Locmalo ne voit plus la première noblesse de Bretagne parader, à l'heure des offices, sur la place publique de son bourg, ni délibérer avec le peuple sous l'if de son antique cimetière. — Mais, chaque dimanche, on y voit de beaux paysans, disséminés par groupes dans le bourg, causer de leurs affaires en attendant la messe ; des châtelains vêtus à la bretonne et parlant en breton, plus instruits peut-être que leurs devanciers ; des seigneurs qui se préoccupent, non plus de conquérir mais de défricher, non plus d'enregimenter leurs vassaux pour la guerre mais d'enrichir leurs fermiers par une meilleure culture...

L'église est bizarrement accostée de deux superbes chapelles ; mais dans ces chapelles, seigneuriales autrefois, ce sont aujourd'hui des laboureurs qui occupent les bancs ; et la double enceinte suffit à peine à les contenir...

De quelque côté qu'on arrive au bourg, on y entre par de larges avenues, entre de hautes futaies. — Mais c'est le peuple qui les a plantées, et qui s'y promène... Ainsi la grandeur de Locmalo a bien changé de caractère; mais nous ne pensons pas qu'elle ait diminué.

Quand le touriste, après avoir dépassé l'église, poursuit encore sa route à moins de deux kilomètres, il ne tarde pas à se trouver en face de ruines imposantes. C'était autrefois la résidence des princes de Rohan-Guémené; et sans doute ces larges donjons devaient être considérés alors comme le symbole d'une puissance incontestée et durable... Or, voilà longtemps que les princes ont disparu et que les tours ont croulé ; mais Locmalo, qui fut redevable de quelque prestige en effet, pendant deux ou trois siècles, au château-fort bâti sur un coin de son territoire, survit à sa ruine ; et la paroisse demeure aujourd'hui, après la disparition de la forteresse, ce qu'elle était déjà bien avant sa construction, — une grande paroisse, religieuse et instruite.

Depuis quelques siècles, à la place du château féodal, ou plutôt à son ombre, une agglomération a pris naissance, formée à l'origine par les serviteurs et les fonctionnaires du château, et peuplée depuis par des campagnards métamorphosés en ouvriers ou en bourgeois. La bourgade a grandi vite avec ces recrues, et c'est maintenant une ville de quelque renom, ayant un conseiller général, un curé doyen et un juge de paix, des notaires et des médecins, deux pensionnats florissants, un hospice bien doté, un campo-sancto monumenté à l'italienne, et une spécialité de charcuterie fort prisée des gourmets... (1)

Devant cet accroissement brusque d'une voisine tapageuse, Locmalo ne s'émeut guère. La ville a succédé au château, le tiers-état a remplacé la noblesse ; mais pendant que la bourgeoisie, ainsi qu'autrefois la noblesse, continue de prendre la règle du bon ton et la nuance de ses opinions politiques à Pa-

---

(1) « Hé, la bourgeoise, qu'est-ce que vous avez de mieux dans ce pays-ci ? » — « De jolies filles, Monsieur ; et, sauf votre respect, des andouilles superbes... » (*Journal de mon ordonnance*. A la septième étape : Guémené).

ris la vieille paroisse continue aussi d'être toujours la même, défiante aujourd'hui à l'égard du bourgeois, comme elle l'était jadis à l'égard du grand seigneur. réfractaire à l'influence du Guémené au XX⁰ comme au XV⁰ siècle, ayant conscience de sa force, toujours fidèle à son passé, et toujours bretonne.

De toutes les populations qui l'entourent, aucune ne ressemble à celle-ci; et Mɢʳ Latieule, qui avait le don de caractériser, souvent avec une rare justesse, les paroisses qu'il visitait, avait bien défini cette paroisse « l'oasis de Locmalo ».

*
* *

Les habitants de cette oasis appartiennent cependant eux aussi, comme leurs voisins, à cette race à part, qui peuple la vallée du Scorff dans toute sa longueur, de Plœmeur à Langouélan, et dont le langage comme le tempérament diffère presque autant du Vannetais que du Cornouaillais : on dirait une tribu distincte, qui serait arrivée après les autres sur le sol armoricain, et qui aurait fait sa trouée sur les deux rives et jusqu'à la source du fleuve.

Ceux du pays de Guémené ont un nom spécial : on les appelle « *les Pourrelettes.* »

Autrefois les hommes portaient la veste de bure (*er vuren*) ou la jacquette en toile (*er jagen*), qui donnait à leur physionomie quelque chose de fruste et de rude; leurs hauts-de-chausses en fine toile devaient subir l'usure et le vernis du temps, mais jamais l'injure de la lessive... Aujourd'hui le costume s'est transformé et modernisé; mais tout en conservant, comme dans la région de Pontivy, un caractère éminemment pittoresque et breton. Plus de chausses en laine écrue ni de ceinture bouclée de cuivre; la culotte s'est allongée en pantalon collant, et la veste en beau drap noir s'est couverte de velours et constellée de mille boutons. Mais dans l'ampleur du gilet largement fendu la poitrine s'élargit; et les jeunes gens ont là-bas une allure qui ne messiéerait pas à des gentilshommes.

Les femmes, aux jours ordinaires, sont plus vulgaires dans leur tenue : chez les couturières du pays on n'a pas encore

trouvé le secret de donner une tournure élégante à la robe
« *justen* » ! Leur capot noir est presque aussi laid que celui des
Pontivyennes, avec sa forme cylindrique, démesurément
allongée par un bourrelet (d'où le nom de POURRELETTES), et
ses fanons retombant très bas en forme de châle. Leurs pieds
traînent, comme ceux de la duchesse Anne, dans des « sabots
de bois ». Ça manque d'esthétique (1).

(1) Le costume — aussi bien que la langue — en Bretagne comme
ailleurs, évolue toujours, quoi qu'on dise ; et, quoi qu'on fasse, il ne
cessera jamais de se transformer. Chez les Pourrelettes, il a subi
au moins trois transformations pendant le XIXᵉ siècle. — Il y a une
centaine d'années, les hommes portaient une double veste rousse.
ou violette, piquée d'arabesques en fils de couleurs autour du cou
et autour des reins. Par devant, les deux pans de la veste étaient
brodés en forme d'orfrois ; et les boutons de cuivre, plats ou sphé-
riques, y reluisaient au milieu d'une riche broderie. Sur le dos,
des languettes d'étoffe (*cognou*) juxtaposées verticalement comme
les fuseaux d'un blason, montaient jusqu'à la hauteur des ais-
selles. — Au musée de Versailles, on voit encore, dans le défilé des
États-Généraux, un paysan de Lignol vêtu de ce costume : Coren-
tin Le Floch.
Dans la deuxième période, à partir de 1850 à peu près, on ne
porte guère que l'habit de bure et la jacquette en toile. *Er vuren*
est l'habit des jours de fête et l'autre, *er jagen*, est pour les jours
ordinaires ; avec ces deux vestes, la culotte (*bragou ber*) et les
chausses (*baudrou* ou *chauchou*) étaient également en toile ou en
laine. Les guêtres de grande tenue étaient soutachées, aux bou-
tonnières et par derrière, de dessins au fil blanc d'un gracieux effet.
— C'était même la mode, dans quelques paroisses, de porter des
baudrou en drap rouge, bordé de noir.
Vers 1860, on commença à donner aux enfants du pays un petit
veston d'une coupe nouvelle, strié de boutons métalliques : ce qui
leur a valu bientôt le surnom de « mille boutons » ; et le pantalon
(*bragou hir*) remplaça la culotte (*bragou ber*). — Or ces enfants, à mesure qu'ils ont grandi, ont voulu garder leur premier costume,
qui est devenu aujourd'hui le costume unique du paysan Guémé-
nois, et ces « sans culotte » ont ainsi révolutionné une fois de
plus le costume de Guémené. La culotte proscrite du costume
civil par la première République et du costume militaire par la
troisième, a du moins survécu en Bretagne dans notre costume
national, jusqu'au XXᵉ siècle : et — singulier retour des chausses...
et des culottes, — au moment où elle va disparaître de l'habit breton, nous la voyons reparaître peu à peu dans l'habit civil.

Mais aux grandes fêtes, la physionomie change avec le costume : une coiffure blanche, très compliquée dans son dessin, mais légère et coquette, encadre modestement le minois des jeunes filles ; et leurs mères, quand elles portent leur robe de noces galonnées d'argent, ont vraiment grand air. Les femmes comme les hommes, dès qu'elles sont endimanchées, ont une allure plus dégagée et plus vive qu'ailleurs : ce n'est plus le pas pesant des paysans de Brandivy, par exemple, de Bignan ou de Campénéac : rien de lourd ici, rien de gauche, mais plutôt une élégance native, telle qu'on la rencontre souvent chez l'ouvrier des villes :

Qu'est-ce qui leur a donné cette tournure ?

Je crois que c'est la danse.

Guémené est en effet le pays classique de la danse bretonne ; et les amateurs de traditions prétendent qu'autrefois, — lorsque les danseurs étaient frappés de censures très graves, sur le territoire de Cornouaille, — on se donnait rendez-vous à quelques lieues de la frontière, à Guémené, pour y danser impunément, sans préjudice de l'absolution pascale..

Singulière destinée du biniou breton : après avoir été longtemps voué au diable, voici qu'il se réconcilie peu à peu avec le presbytère ; les prêtres qui ont fulminé contre le biniou et la danse de nos vieux pères, en viendront peut-être bientôt à prêcher en sa faveur..... Quand ils ont vu l'accordéon s'introduire dans les noces, quand la danse en plein air, — qui déroulait ses immenses replis dans l'herbe des vergers sous les regards de tous, — commence à céder la place aux danses exotiques qui se cachent dans les salles d'auberges,... ils ont compris que le son aigre et rauque de la bombarbe avait un accent plus moral ; et que ce serait péché de crever maintenant l'outre sonore du biniou !

Voyez la jeunesse pourrelette : à la première note de la bombarde, impossible de la retenir ; l'appel est irrésistible ; tout le monde accourt ; mais, suprême élégance, on se tient « par le petit doigt ». — Les jours de fête ou de noce, on ne pense qu'à danser, mais on danse tout le jour, sans presque avoir le temps de causer ou de boire ; c'est une ronde vertigineuse, qui ne laisse possibilité ni de penser, ni de regarder, ni de s'en aller ; on danse jusqu'à la nuit, si bien que le soir on s'endort de fatigue, et l'on ne rêve plus que de dormir.

Brizeux, qui a si bien vu la Bretagne pittoresque, a parfaitement décrit ces danseurs...

> Riche et vieux, jeune et pauvre : ô Dieu, la bonne joie,
> De poussière entouré comme cela tournoie !
> Que de fronts en sueur ! Arrêtez : les plus forts,
> Tant leurs jarrêts sont las, ne vont plus que du corps.
> Assez, brave sonneur ! Encore une cadence,
> Et vous étendrez mort le meneur de la danse !

Après avoir esquissé les mœurs et la physionomie du Pourrellette, faut-il essayer aussi d'en faire la psychologie, et de décrire sa mentalité ?

Ceci est plus délicat, — car il est toujours difficile de faire le départ entre les qualités et les défauts, et d'apprécier les uns et les autres à leur exacte importance.

M. Demolins, qui a publié des études très serrées sur différentes races, n'estime guère la nôtre : le Breton, d'après lui, manque d'initiative pour entreprendre, d'entregent pour réussir, et de constance pour achever ; ni spéculatif ni pratique, ni combatif ni contemplatif ; rien du Saxon si positif dans la vie, si pondéré dans les entreprises, si réfléchi et si hardi à la fois. Le Breton aurait plutôt un tempérament de Slave ; et encore ne faudrait-il pas insister sur cette affinité des deux races, qui pourrait devenir injurieuse pour le peuple Russe.

M. Demolins ne nous connaît pas ; il ne jugeait notre race que sur enquête à vol d'oiseau ; il a pu constater en effet que le paysan émigré reste dans les villes un simple manœuvre, comme il a dû s'imaginer que le paysan laboureur demeure stationnaire, faute de ressources pour entreprendre et de discipline pour s'associer, faute aussi d'instruction pour croire au progrès et d'aptitudes pour le réaliser.

J'ai eu occasion de lui répondre que son enquête avait été superficielle : il ne l'a pas poussée assez loin. Il y a un autre.

Breton que celui dont il nous parle ; ou plutôt c'est toujours le même, avec la culture intellectuelle en plus, qui éveille et développe chez lui des aptitudes qu'on ne lui soupçonnait pas.

Cette distinction était nécessaire pour comprendre ce que je vais dire du paysan Guémenois.

Il existe au pays Pourrelette, comme partout, des gens instruits et d'autres qui ne le sont pas. Mais ici, peut-être plus qu'ailleurs, entre les uns et les autres la différence est très grande Si un paysan breton sort de son milieu et s'élève, il garde quand même la caractéristique de sa race et la marque de son origine ; ce n'est qu'un développement qui s'est produit en sa personne, laissant du reste sa personnalité intacte. Chez le paysan Guémenois, c'est une métamorphose : ses manières changent en même temps que son langage, son caractère se tranforme avec l'éducation.

Le campagnard n'a encore perdu là-bas ni la dureté traditionnelle de ses manières ni la rudesse de sa physionomie. Si vous lui prêchez, il regarde, il écoute ; il ne remue pas, il ne pense peut-être pas ; insensible aux raisons de sentiment, dédaigneux des émotions quelles qu'elles soient, il ne s'emballe jamais. On le dit intéressé et défiant, flegmatique et froid, et il l'est ; la vallée du Scorff tout entière semble apparentée avec les plaines de Normandie. Un jour quelque missionnaire passant essayait d'émouvoir un indigène de cette vallée, en lui parlant de l'enfer ; l'homme écoutait, tête basse, l'air résigné, contrit et convaincu : « Eh bien? lui demanda enfin le prêtre, à bout de forces et d'arguments. — Eh bien ! répondit le bonhomme, ma foi, si les autres peuvent y tenir, j'y tiendrai bien aussi moi : *Ma harz er réral, me harzou mé er memez tra.* » Ni raisons ni prières n'avaient même effleuré cette âme impassible.

Mais ce Pourrelette épais, qu'on l'envoie à l'école, qu'il se frotte aux bourgeois, qu'il s'affine ; et ce n'est plus le même homme. Instruit, il devient généralement plus intelligent qu'ailleurs ; l'esprit est plus délié et le caractère plus souple. Il a beau genre et beau langage ; mais, tout en causant beaucoup, il dit ce qu'il veut et rarement ce qu'il pense. Quand cela lui plaît, il gagne facilement les sympathies, et quand cela lui plaît encore, il roule son monde, et sans qu'on y pense. L'extérieur serait plutôt naïf, et il y a comme de la faiblesse sous ce teint lymphatique et pâlot ; mais prenez garde : en réalité, tout cela dissimule de la froideur tenace et de la réflexion calculée qui ne permet jamais l'emballement. N'est-ce pas une force et une supériorité ? et quelle originalité dans un paysan ainsi fait !

Voici une histoire authentique. La période électorale était ouverte ; l'agent courait toutes les fermes du pays : « Heureusement que je connais ces braves gens-là, se disait-il.... Bonjour Pierre, bonjour Jean, : je viens de la part de Monsieur X. — Ah ! vous venez de la part de Monsieur X ; entrez donc, nous allons vous recevoir comme lui ; c'est un si grand honneur quand il daigne nous faire visite ! Il a tant de bonté, d'amabilité ! — Alors, vous voterez pour lui ? — Oh ! Monsieur, ce serait nous faire injure que de penser seulement le contraire ! » — Et l'agent ravi se frotte les mains ; et il disait le soir aux amis du comité : « On ne savait pas jusqu'ici parler à ces gens-là ! Désormais je suis sûr qu'ils voteront tous pour M. X. » Le lendemain, tous votèrent pour Monsieur Z.

On a dit autrefois d'Ajax : « Quand ce rustre-là aura passé au polissoir, il deviendra un autre Ulysse. » La prédiction de Calchas se réalise à Guémené, et nous assistons tous les jours à cette métamorphose. — Ses contemporains disaient d'Ulysse qu'il avait toujours pour se tirer d'affaire quelque tour dans son sac (1), « *polutropos, polumèchanos* » ; ses voisins disent du Pourrelette, dans un proverbe équivalent :

Nen dès Pourlet na Pourletten
Hemb ne vou tro en é gorden (2).

(1) Qui a plus d'un tour dans son bissac, de nombreux expédients (*Homère*).

(2) Il n'y a Pourrelet ni Pourrelette qui n'ait un tour à sa corde.

*
* *

Gardons-nous pourtant de sourire ou de nous indigner.

Les apparences trompent ; sous la grossièreté de l'enveloppe se cachent des délicatesses : il y a de la dignité personnelle derrière ces manières singulièrement rudes — ou raffinées.

Il semblerait que les Pourrelettes soient vertueux par tempérament. Ces danseuses incorrigibles, qu'on dirait sans vergogne, se font respecter partout avec une susceptibilité farouche ; et la moralité du peuple s'élève ici à un degré qui dépasse, croyons-nous, le niveau de tous les autres cantons. Les filles se marient très jeunes, comme cette « fleur du Scorff », que le poète avait connue au catéchisme du bourg. En parlant de Marie, Brizeux a peint d'un trait la vie de toutes ces « jeunesses » :

> Un mari, des enfants, c'est toute *leur* histoire.

Entre 18 et 22 ans l'idylle est close ; désormais, la jeune paysanne consacrera tout son cœur à ses enfants ; elle mettra toute sa gloire à orner sa maison et à cirer ses meubles. Peu de toilette maintenant : à quoi bon ? puisque la jeune femme ne cherche plus à plaire en dehors de chez elle ; il lui suffit d'être aimée et trouvée belle dans cet intérieur qu'elle décore comme un boudoir.

Les étrangers s'étonnent parfois de voir si peu d'ornements sur la tête des femmes et tant de coquetterie dans la tenue de leur maison. Nous croyons en avoir donné le motif : ce contraste qui surprend tout d'abord, n'est-ce pas un indice de plus, et bien suggestif, des vertus familiales du pays Guémenois ?

Ailleurs on se marie très tard, ou bien l'on ne se marie pas du tout. La difficulté qui arrête les jeunes gens, c'est qu'ils ne trouvent pas de toit où abriter leur nid. La population surabonde, et quoique notre pays déverse sans cesse du côté des villes le trop plein de ses villages, il est toujours vrai

qu'il n'y a plus chez nous assez de fermes pour les fermiers.
C'est un double mal, un obstacle au mariage et un motif à
émigration. Il déplaît aux jeunes gens de devenir garçons de
fermes, et ils s'en vont alors chercher fortune ailleurs, dans
les chantiers, dans les chemins de fer, dans les plaines
dépeuplées de la Beauce ou de la Normandie. Or on ne revient
plus de ces pays-là, ou l'on en revient, ce qui est pire, avec
des vices et des idées qui contaminent.

Les Pourrelettes, au contraire, se marient : et l'on rencontre
encore chez eux des traces du régime patriarcal qui a disparu des autres cantons. Les jeunes épouses continuent
d'habiter la maison paternelle ; et si bientôt le souci d'une
maternité féconde enlève leurs bras aux travaux de la
ferme, des maris vigoureux les suppléent avec avantage ;
la famille s'est enrichie. Il n'est pas rare de voir deux ou trois
jeunes ménages réunis de la sorte dans le même intérieur
sous la direction toujours respectée du vieux père.

Du reste n'est-ce pas pour ces ménages collectifs qu'on inventa
autrefois les gracieux lits clos, que Botrel a si délicatement
chantés ? ce sont des cellules isolantes dans un dortoir commun.

On a dit du paysan Guémenois qu'il n'est religieux qu'à
la surface. – « Grattez le Pourrelette, et vous trouverez un
sceptique, c'est-à-dire sans doute, instruisez-le suffisamment
pour qu'il se débarrasse de ses préjugés et de ses habitudes
ataviques ; éveillez le libre examen qui est assoupi au fond
de cette âme engourdie dans l'ignorance,... et le prêtre ne
verra bientôt plus en face de lui que des indifférents, sinon
des adversaires ».

C'est possible. Il est certain que cette région subit de nos
jours une crise profonde, qui menace de la soustraire totale-
ment à l'influence sacerdotale ; et nous connaissons déjà un
bon nombre de communes où l'on devra dépenser une somme
très grande de vertu, de zèle apostolique, et de valeur personnelle pour reconquérir les positions perdues.

Observez en effet ces paysans à l'église les bras croisés, dédaignant de s'asseoir, la tête fixe, sérieux, silencieux, impassibles : le coup d'œil est impressionnant. On dirait, à première vue, qu'ils comprennent et qu'ils voient ! .. Mais, si l'on y regarde de plus près, il n'y a aucune vie dans leur regard, aucun intérêt dans leur physionomie ; rien que la résignation du soldat qui subit une consigne. Les vieux cependant font un geste monotone, qui atteste que l'âme n'est pas encore tout à fait assoupie ; un gros chapelet en os, héritage des parents, relique du XVIIIe siècle, glisse entre leurs doigts ; peut-être les paroles qu'ils murmurent sont-elles inintelligibles pour eux, et peut-être ne songent-ils même pas à les comprendre ; mais rien qu'à les voir, on conçoit qu'ils ont du moins conscience de remplir une fonction grave ; et ils y tiennent.

Ils tiennent aussi à la messe ; le Pourrelette n'a pas l'instinct huguenot ; le culte du Saint-Sacrement fait partie essentielle de sa religion. — Il se défie des prêtres, et je crois qu'il ne tient nullement à leur personne ; mais pour rien au monde il ne voudrait se priver de leur ministère. Tel, qui passe pour un anticlérical irréductible, et qui l'est, suit dévotement les exercices de la Mission prêchée par des Jésuites ; et, chaque dimanche, on le voit s'agenouiller sur la tombe familiale, en plein cimetière, au milieu de la foule qui afflue au son de la grand'messe... Hypocrisie ? Non ; c'est justice de juger les hommes d'après leur mentalité propre : ces gens-là ont l'âme profondément religieuse, et l'esprit faussé.

A côté des vieux, mais plus près de la porte de l'église, et souvent en dehors, sont groupés les jeunes, tous en blouse. Que font-ils là ? Eh bien ! ils croient assister à la messe, et généralement ils attendent en effet que ce soit fini avant de lever le pied ; puis ils s'en vont à l'auberge, où leur esprit s'éveille, leur physionomie se déride ; c'est un changement brusque : on dirait d'autres hommes.

Quand on prêche, pour plaire aux Pourrelettes il faut qu'on les gronde ; car, si le recteur se fâche, ils se disent qu'ils ont dû le mettre en échec de quelque façon, et ça les flatte. Ils aiment aussi qu'on leur parle de l'ivrognerie ou de l'enfer : ce n'est pas que ça les émeuve, mais une description crûment réaliste leur communique je ne sais quelle sensation qui leur est une jouissance.

Un instituteur qui a longtemps pratiqué cette population nous disait : « Les Pourrelettes connaissent deux peurs, celle du diable et celle du maire ! Autrefois ils en avaient trois ; mais il y a trente ans que la peur du recteur ne compte plus. Les deux autres persistent toujours, et d'autant plus vivaces ! »

Autour de l'autel, il y a une couronne de stalles : ce sont les places réservées à l'aristocratie de la paroisse — sénat imposant et vénérable, avec de belles têtes monacales légèrement rejetées en arrière, un teint ordinairement pâle, des joues pleines, des mouvements calculés avec lenteur, de la dignité... Ils ont un mot de bienveillance pour le recteur en traversant la sacristie, ils daignent l'écouter quand il prêche, ils en parlent chez eux avec sympathie, ils dînent à sa table aux grandes journées de la paroisse ; et, le jour des élections, ils votent contre lui à l'unanimité...

*
* *

Ces traits —que nous avons notés dans plusieurs communes, grandes et petites. de la région. — ne seraient-ils pas la caractéristique spéciale de la vallée du Scorff tout entière ?

Peut-être en effet eussions-nous été tentés de le croire, si nous n'avions connu à fond le paysan de Locmalo, et si nous n'avions observé nous-même. dans la plupart des autres communes, de nombreuses exceptions qui rendraient fort problématique cette règle trop générale.

Locmalo porte le même costume, parle le même langage, possède le même tempérament que le reste du pays ; rien ne distingue extérieurement le paysan Locmalouin de ses voisins de Ploërdut, de Saint-Caradec, de Persquen et de Lignol : le type est exactement le même, et le caractère aussi, avec quelques nuances à peine sensibles. —Or nous savons pourtant que le Pourrelette de Locmalo n'est pas un chrétien de surface. A mesure que l'on pénètre plus avant dans la connaissance de son âme, on observe, derrière la rude écorce

où il aime à se masquer, que toute sa vie, que tout son être est
imprégné de christianisme. L'enveloppe est flegmatique et
froide, mais l'indifférence n'est qu'apparente. Ici les traditions
et les pratiques sont chrétiennes, avec une mentalité foncière-
ment religieuse que plusieurs siècles de foi ont façonnée. Et ces
aptitudes ne s'affaiblissent pas sous l'influence de l'instruction ; au contraire, elles s'affermissent en grandissant, elles
deviennent plus combatives. La foi est mieux aimée à mesure
qu'elle est plus connue ; le respect humain, qui ailleurs para-
lyse l'activité, tombe ; et quand on a conscience de sa supériorité on en use.

Il faut même que ces gens aient un tempérament de chrétien
bien robuste, pour être demeurés bons si complètement et si
longtemps ! — On raconte que les Bretons du pays de Galles,
après que la Réforme d'Angleterre eut exterminé leurs
évêques, persévérèrent encore pendant quatre-vingts ans
dans la foi catholique, sans sacerdoce et sans sacrements.
Locmalo n'a jamais manqué de prêtres depuis cent dix ans,
et quelques-uns y ont exercé une influence très heureuse ;
mais la confession et la communion, - qui sont le « pain
quotidien » de la vie chrétienne, — on ne les fréquente pour
ainsi dire pas ici au-delà du minimum exigé par la loi, « une
fois l'an », « à Pâques humblement ». Inutile d'insister, de
menacer, de supplier : inutile d'expliquer, avec des compa-
raisons vives, que la communion fréquente est une nécessité
et une condition de la vie surnaturelle : le Pourrelette vous
laissera dire, répondra peut-être même « *ya hat* », et... ne chan-
gera rien à ses habitudes traditionnelles. — D'où vient cette
abstention systématique à l'égard des sacrements ? Est-ce
une influence janséniste qui aurait créé ou laissé croître cet
état d'esprit, à une époque où l'on n'envoyait, dit-on, à ces
paroisses que des prêtres en disgrâce ? Ou n'est-ce pas plutôt
un trait de plus, et bien caractéristique, du tempérament
« pourrelette », qui est en général absolument réfractaire
aux dévotions sensibles ?...

Nous ne sommes pas assez renseigné pour résoudre le
problème ; mais nous devions citer le fait, en y insistant même,
à titre documentaire, car il témoigne, peut-être mieux que

tout autre, à quel point le christianisme a pénétré ces âmes, puisqu'elles ont pu vivre impunément jusqu'ici en dehors des conditions normales de la vie surnaturelle.

Si donc les autres paroisses n'ont pas réussi à persévérer dans la foi, au même degré que Locmalo, c'est que leur déchéance est due à des influences complexes et multiples ; ce n'est pas la faute du tempérament et de la race. L'exemple de cette commune est donc très suggestif : sa persévérance séculaire à résister victorieusement, au centre même d'une région contaminée, à la propagande antireligieuse, est un des meilleurs réconforts pour ceux qui s'intéressent à l'avenir d'une tribu, singulièrement riche en ressources. Nous persistons à à croire que le Pourrelette irréligieux n'a d'irréligion qu'à la surface.

Il y a plus de vingt ans, on nous disait ceci : « Il faudrait « au chef-lieu de cette région, une école, avec d'excellents « professeurs et des cours professionnels, dont le programme « ne se bornât pas à enseigner la lecture, l'écriture et le calcul. « Son objectif principal serait de former des cultivateurs et « des chrétiens, deux choses bien distinctes et nécessaires « toutes deux. Au sortir des classes élémentaires, ou plutôt « dès l'arrivée même de l'enfant à l'école, conformément aux « principes de la méthode Fræbel, qui est en train de trans- « former aujourd'hui l'éducation, en Allemagne, en Belgique « et en Amérique, — le travail du maître consisterait à donner « des connaissances pratiques et des convictions raisonnées. « Une telle école, peuplée de jeunes gens plutôt que de jeunes « enfants, changerait la face du pays en moins d'un demi- « siècle. Il en sortirait pour chaque commune un groupe « d'hommes instruits, ardents, actifs, capabls en s'associant « de transformer les conditions économiques du pays, et « capables en étudiant de dissiper les préjugés subtiles, qui « obscurcissent sa religion. Plus qu'à Locminé, à Pontivy et « à Pontscorff, la jeunesse d'ici nous paraît susceptible de « culture et de progrès.. »

Nous citons, sans discuter.

Or on nous dit que cette École existe aujourd'hui. — Nous ne pouvons, ne connaissant ni son programme ni ses élèves, apprécier son action. Mais si elle réalise le programme d'il y a vingt ans, le clergé se doit à lui-même de la conserver et de la remplir d'élèves, car, quelque persuasive que puisse être l'éloquence de la chaire, l'éducation professionnelle et chrétienne d'une élite paysanne contribuera toujours plus à la prospérité d'une paroisse que les meilleurs sermons.

. . . .

Il existe à Locmalo, dans la vieille tour de l'église paroissiale, une cloche antique qui remonte au XVIe siècle ; au temps des guerres de religion, elle a sonné le ralliement des catholiques, et elle a sonné l'oppression de leur conscience en 1793.

Le christianisme survit comme elle à toutes les vicissitudes, dans la vallée du Haut Scorff.

Et, si une confiscation ne sécularise pas la vieille sonneuse pour des usages profanes, puisse-t elle durer encore cent ans, pour sonner la prospérité matérielle et morale du pays, et l'impuissance de cette troisième Révolution à laïciser « l'âme pourrelette ».